(1)

ADRESSE

De l'Assemblée provinciale de la partie du Nord de Saint - Domingue, à l'Assemblée nationale (1).

Messieurs,

L'Assemblée provinciale de la partie du Nord de Saint - Domingue s'empresse de soumettre à votre sagesse ce qui se passe dans la Colonie, & les suites funestes qui peuvent en résulter.

Elle avoit formé une Assemblée générale, lorsque les premieres nouvelles de votre décret du 8 mars nous parvinrent. La Colonie entiere étoit en proie aux alarmes ; ses ennemis entouroient l'Assemblée nationale, & s'étoient glissés jusques dans son sein ; mais votre décret porta le calme dans nos cœurs.

____

(1) Cette adresse a été lue par un député de Saint-Domingue à la séance de l'Assemblée nationale du samedi 4 septembre, & a été revoyée au comité colonial, pour en faire son rapport incessamment.

A

Vous promettiez sûreté & protection aux Colons; vous reconnoissiez la Colonie comme partie constituante de l'Empire; vous l'admettiez à entrer dans le corps législatif; vous l'autorisiez à préparer elle-même sa constitution; vous vous borniez à indiquer pour bases les liaisons nécessaires entre la Colonie & la Métropole.

On s'attendoit que l'Assemblée générale accepteroit ces faveurs avec reconnoissance, & ces conditions si justes avec satisfaction.

L'Assemblée provinciale se hâta de lui faire parvenir votre décret du 8 mars. Son premier mouvement fut celui de la confiance & de la joie; mais une plus longue réflexion, ou plutôt des suggestions malheureuses altérerent ces sentimens. Les anciennes terreurs reprirent leur empire; & l'Assemblée générale crut devoir s'entourer de précautions.

Elle s'est malheureusement égarée dans des formes inconstitutionnelles, inadmissibles, & par conséquent nuisibles, que nous croyons devoir vous exposer, pour vous faire connoître la nécessité de rapprocher tous les partis, en les rassurant tous.

Bientôt après, l'Assemblée provinciale reçut un décret du 14 mai, sur l'ordre judiciaire, dont l'Assemblée générale ordonnoit l'exécution immédiate , fans que l'objet fût urgent, fans qu'il fût approuvé par le Gouverneur général, fans réferver votre décifion, ni la fanction royale.

L'Affemblée provinciale , fans fe laiffer éblouir par le mérite du fond, fut épouvantée des formes, qui lui parurent affecter un pouvoir légiflatif particulier à une partie de l'Empire, & indépendant de la réunion des repréfentans de la Nation & du Roi. Elle fe hâta de condamner ces formes, de pofer *fes propres principes*, & de s'oppofer à la promulgation d'un acte qui lui parut inconftitutionnel & nul, par fon arrêté du 17 mai.

Or ces principes font , qu'il ne peut y avoir qu'un corps légiflatif en France, compofé de tous les repréfentans de la Nation & du Roi ;

Que la Colonie feule ne peut pas faire un corps légiflatif à part ;

Que l'Affemblée générale n'a que les pouvoirs que le corps légiflatif lui a donnés , & qui la conftituent ; favoir, de propofer fes lois , & de les faire exécuter provifoirement avec la fanction du Gouverneur ;

Que fi elle rejette ou tranfgreffe ces pouvoirs, elle a perdu dès lors fon exiftence légale.

A 2

L'Assemblée provinciale fit passer cet arrêté à l'Assemblée générale, avec une adresse conforme.

L'Assemblée générale crut devoir faire une profession expresse & explicite de ses principes, par un décret du 28 mai.

Elle y consigne qu'*elle est le corps législatif en ce qui concerne le régime intérieur*, sous la seule sanction du Roi; & dès lors, si elle consent que ses décrets passent par les mains de l'Assemblée nationale, c'est sans lui accorder le droit d'*examiner*; mais seulement pour les présenter à la sanction, comme agent passif & subordonné.

Forcée de convenir que *dans les rapports extérieurs* elle doit reconnoître l'Assemblée nationale pour arbitre, elle se croit en droit d'éluder ses décisions; &, par une fâcheuse contradiction, elle se réserve celui d'y consentir ou de les refuser.

Par une autre contradiction, elle admet la sanction du Roi pour son régime intérieur, & elle la rejette pour ses rapports extérieurs, en soumettant à son propre consentement vos décrets, qui cependant seront sanctionnés par le Roi.

Nous croyons qu'un tel système mene la

Colonie à ne jamais avoir de conſtitution, parce que l'Aſſemblée nationale ne peut pas l'approuver, & que le Roi lui-même n'a pas le droit de le conſacrer ſans elle. Cependant l'anarchie la plus fatale regne ici.

L'Aſſemblée générale eſt tombée dans une erreur bien plus dangereuſe encore. En ſe rendant indépendante de l'Aſſemblée nationale, *elle accorde au Roi la ſanction libre & indéfinie* pour ſon régime intérieur, & par conſéquent *le veto abſolu ;* tandis qu'en ſe ſoumettant au pouvoir légiſlatif de la Nation, elle n'étoit ſoumiſe qu'au *veto ſuſpenſif.* Or, comme ſous un autre Prince que le nôtre, le pouvoir du Roi peut n'être *que le pouvoir des Miniſtres ,* il eſt évident qu'elle s'expoſe à remettre la Colonie *ſous le régime miniſtériel.*

C'eſt après cette époque, Meſſieurs, que l'Aſſemblée générale paroît avoir reçu officiellement les décrets & l'inſtruction de l'Aſſemblée nationale ; & cependant, par un décret du premier juin, elle n'accepte votre décret du 8 mars, que *ſauf les droits de la Colonie, conſacrés en partie dans ſon décret du 28 mai.* Quant à l'inſtruction, elle ne l'adopte, quant à préſent, que *pour inviter*

(6)

les paroiffes à s'affembler, & à déclarer fi elles entendent continuer l'Affemblée générale , ou en former une nouvelle.

Cependant, Meffieurs, tous les diftricts du Cap & prefque toutes les paroiffes de la dépendance du Nord avoient adhéré à vos décrets & à notre arrêté du 17 mai. Plufieurs avoient même prononcé le rappel de leurs députés. Dans les paroiffes de l'Oueft & du Sud, il y a eu moins d'unanimité. Quelques-unes feulement ont fuivi nos principes; & par-tout on en voit qui, en confirmant l'Affemblée actuelle , la chargent expreffément d'adopter vos décrets & de s'y conformer. D'autres paroiffes ont confirmé purement & fimplement l'Affemblée générale.

L'Affemblée générale a envoyé au Cap une députation folennelle pour porter des paroles de paix ; mais fes commiffaires n'ont pas rempli cette miffion refpectable, pour laquelle ils étoient envoyés. Après deux conférences , après trois jours de féjour, de ces commiffaires , nous avons reconnu qu'ils éludoient les queftions principales, qu'ils fomentoient un parti dans le peuple, qu'ils intriguoient auprès de la municipalité. Enfin nous avons fu qu'ils follicitoient une affemblée générale

de la commune à l'églife ou à la falle du fpec-
tacle, qu'ils fe flattoient de fubjuguer par une
éloquence dont nous avions déjà vu les effets.
Nous avions ci-devant fait l'épreuve malheureufe du danger de ces affemblées tumultueu-
fes. Déjà, dans notre falle même, l'orateur
de la députation avoit enflammé les efprits
contre ceux qui avoient le plus ouvertement
combattu les erreurs de l'Affemblée générale,
au point qu'au milieu d'une rumeur violente
de la galerie, on avoit ofé proférer ces mots :
Il faut les pendre, il faut les pendre. Nous
avons frémi des rifques que couroit la tranquillité publique; & après nous être entourés
des chefs de la municipalité, des dépofitaires
du pouvoir exécutif, des Officiers fupérieurs
des milices patriotiques & militaires, nous
avons enjoint aux députés qui abufoient d'une
miffion fage & pacifique, de fortir de la ville
dans le jour, & de la dépendance dans qua-
rante-huit heures.

Dès lors l'orage naiffant a été diffipé.

Bientôt nous avons eu à nous féliciter de
cette précaution vigoureufe, mais néceffaire.
Le courier du Port-au-Prince nous a appris
que dans une affemblée générale du peuple à
l'églife, on en étoit venu aux mains; que les

bâtons avoient été levés, des épées tirées, des piſtolets préſentés ; que des citoyens avoient été bleſſés ; qu'on avoit renvoyé à délibérer dans les diſtricts ; que l'Aſſemblée générale avoit été maintenue ; & que le lendemain, cent cinquante citoyens notables avoient proteſté, chez un notaire, contre la violence & contre la fauſſe rédaction des procès verbaux.

Nous apprenons qu'un député de la Marmelade, & un autre de Plaiſance, dépendance du Nord, ſe ſont rendus de Saint-Marc à leur paroiſſe ; qu'ils ont influé ſur l'Aſſemblée ; qu'ils ont fait prendre une délibération qui adhere à l'Aſſemblée générale, & qui annulle celle plus nombreuſe des propriétaires, confirmative de notre arrêté du 17 mai. Les citoyens notables ont été forcés de ſe retirer, & réclament contre cet arrêté.

On nous annonce aujourd'hui que la paroiſſe du Fort-Dauphin embraſſe encore le parti de l'Aſſemblée générale.

Nous avons voulu, Meſſieurs, arrêter la diviſion qui ſe répand. Nous avons déclaré, par un arrêté du 16 du mois de Juin dernier, que nous ceſſions toute correſpondance avec l'Aſſemblée générale ; & par une autre en date du

21 fuivant, nous avons déclaré que nous ne reconnoîtrons plus, & nous avons fait défenfes à tous corps & particuliers du reffort, d'exécuter ni faire exécuter aucun décret qui ne porteroit pas fur les bafes , & ne feroit pas revêtu des formes indiquées par l'inftruction décrétée par l'Affemblée nationale.

Cependant nous avons penfé que le feul moyen d'arrêter le mal, étoit de réunir promptement le vœu des paroiffes fur le fort de l'Affemblée générale actuelle. Nous les avons invitées à s'affembler conformément à votre inftruction , & à adreffer à M. le Gouverneur général l'état de leurs citoyens actifs , & leur vœu fur cette queftion précife : *L'Affemblée générale fubfiftera-t-elle , ou en fera-t-il formé une nouvelle ?*

Nous avons cru ne pas violer la liberté que vous avez entendu, Meffieurs, laiffer aux Repréfentans de la Colonie , en engageant les paroiffes à leur donner des inftructions, portant défenfes de confentir aucun décret, que fous la fanction provifoire du gouverneur général, la décifion définitive de l'Affemblée nationale, & l'acceptation ou fanction auffi définitive du roi.

Nous avons nous-mêmes foumis cet arrêté à ces trois formalités effentielles.

Sur ces entrefaites, Messieurs, nous avons vu, par les dernieres dépêches de l'Assemblée générale, qu'elle a révoqué les députés de la Colonie à l'Assemblée nationale; qu'elle les réduit à la simple qualité de commissaires. Cela nous paroît une violation des pouvoirs de l'Assemblée générale & des droits de la Colonie.

Mais nous voyons encore qu'elle enjoint à ses commissaires de ne vous préfenter que fes décrets des 28 mai & premier juin, de vous cacher le furplus, & qu'elle leur interdit toute difcuffion fur ceux-là. Cette conduite nous alarme.

Enfin noùs voyons dans la gazette de la Colonie une lettre de l'Assemblée générale au Roi, & une de fon Préfident à l'Assemblée nationale; il nous femble qu'elles ne font fatisfaifantes fous aucun rapport; mais nous nous renfermons dans un fimple expofé, & nous ne nous permettrons aucune difcuffion critique. Nous vous obferverons uniquement que les dépofitaires du pouvoir exécutif n'ont mis aucun obftacle aux décrets de l'Assemblée, & qu'ils ont gardé, comme les corps judiciaires, le filence & la nullité abfolue qu'elle leur impofoit, en ne leur foumettant rien.

Voilà, Messieurs, l'état actuel des choses. Nous allons vous rendre compte du plan que nous nous proposons.

Nous attendrons que M. le gouverneur général ait recueilli le vœu des paroisses, l'ait publié, & ait ainsi constaté la pluralité à laquelle vous avez soumis le sort de l'Assemblée générale actuelle.

Qu'elle soit formée de nouveau, ou qu'elle soit maintenue, nous la regarderons alors comme légale dans sa forme constitutive; & *de cela seul*, nous concourrons de toute notre influence pour qu'elle procede paisiblement, & qu'il n'arrive aucun trouble dans la Colonie, s'il y a encore diversité d'opinions sur ses opérations.

Mais nous ne pensons pas pouvoir nous dispenser de persister, dans notre ressort, dans notre arrêté du 21, parce que nous ne croyons devoir admettre aucun acte qui ne soit conforme aux bases & aux formes que vous avez indiquées, jusqu'à ce que vous y ayez prononcé.

Nous attendrons dans cet état la décision que vous porterez, & nous déposons ici le ferment de nous y soumettre.

Qu'est-ce donc qui a pu déterminer l'Asfemblée coloniale à adopter des formes que nous croyons inconftitutionnelles & impraticables ?

L'Affemblée générale a évité de vous le dire ; c'eft donc à nous de vous parler avec franchife, quelque pénible que foit la vérité.

C'eft *une malheureufe défiance* de l'Affemblée nationale même, & vous en voyez la preuve dans les décrets des 28 mai & premier juin, dans les principes qui y font établis, dans les précautions dont l'Affemblée générale s'arme contre l'Affemblée nationale, dans fa conduite avec les députés de la Colonie, dans le filence qu'elle a prefcrit à fes commiffaires, dans l'ordre de ne montrer que fes deux principaux décrets.

Cette défiance eft due d'abord aux amis des noirs, & à l'opinion que plufieurs d'entre eux font membres de l'Affemblée nationale, y forment un grand parti ; qu'eux & l'effrayant antagonifte de la traite ne fe tiennent pas pour battus, & nous pourfuivront toujours ;

Enfuite à l'accueil que les gens de couleur ont reçu à l'Affemblée nationale, au mauvais livre de M. l'abbé Gregoire, à fa motion en leur faveur, à la féance du 28 mars, & à quelques journaux indifcrets qui ont annoncé qu'on n'avoit rejeté cette motion que parce que l'article IV des inftructions les jugeoit pleinement citoyens actifs;

Enfin à l'influence exceffive que le commerce pourroit avoir à l'Affemblée nationale pour les lois prohibitives.

Ceux qui ont fomenté cette défiance fe font prévalus du long filence de l'Affemblée nationale fur les Colonies, des circonftances où elle a prononcé; la nouvelle d'une infurrection à la Martinique & à Saint-Domingue, la crainte d'une fciffion abfolue en faveur de quelque puiffance rivale, les terreurs & la réclamation puiffante des villes maritimes & de manufactures, les murmures violens du peuple de Paris; ils ont abufé même de l'empreffement avec lequel le décret du 8 mars a été rendu, & du refus de toute difcuffion; ils l'ont appelé un décret *de force, de peur, & d'aftuce.*

Ils ont fait remarquer la réticence du décret & de l'inftruction fur nos propriétés *mobiliaires,* malgré les inftances des députés de la Colonie; ces expreffions génériques *de citoyens* à l'article II du décret, & *de toutes perfonnes* à l'article IV des inftructions, dont les gens de couleur peuvent fe prévaloir en effet ; enfin, pour affurer leur fuccès, ils ont prononcé le nom effrayant d'un miniftre qui a fait tous les maux de la Colonie, & qu'un roi abufé n'éloigne pas de fes confeils. M. de la Luzerne, ont-ils dit, a influé fur le décret & fur l'inftruction ; Marbois, l'ennemi des colons, eft auprès de lui, & la Colonie doit trembler plus que jamais.

Pardonnez, Meffieurs, à notre franchife. Jamais elle ne fut plus néceffaire.

Le malheur de l'Affemblée coloniale eft de n'avoir pu bannir, fur ces trois points, les alarmes communes à toute la Colonie. Notre feul mérite eft d'avoir cru que vos décrets portoient toute garantie à leur égard, & qu'il étoit impoffible que les Repréfentans auguftes de la Nation la plus loyale de l'Univers puffent tendre un piége à leurs freres. Si nous ne l'avions pas cru, nous n'aurions pas fans doute propofé, comme l'Affemblée générale la fait, des formes conftitutionnelles qui nous paroif-fent inadmiffibles ; mais avant de vous propo-fer un plan de conftitution, nous vous au-rions demandé franchement une garantie plus formelle & plus explicite.

Il n'eft plus temps de le diffimuler ; ces trois points feront toujours le deftin de la

Colonie. Elle a befoin de nouveaux adoucif-
mens au régime prohibitif du commerce.

Mais fur-tout elle ne facrifiera jamais un
préjugé indifpenfable à l'égard des gens de
couleur. Elle les protégera , elle adoucira
leur état ; elle leur en donne tous les jours
des preuves. Le temps offrira fans doute des
moyens plus étendus ; mais elle veut, elle doit
être l'unique juge, la maîtreffe abfolue des
moyens & du temps. Ce qui s'eft paffé à Saint-
Domingue depuis peu, ce qui fe paffe actuel-
lement à la Martinique , en prouve plus que
jamais l'abfolue néceffité ; & peut-être n'eft-il
que trop vrai que la trop grande latitude don-
née à l'article IV de votre inftruction, & l'accueil qu'ils ont reçu de vous, ont enflé leurs
prétentions, & ont mis les deux Colonies en
péril. Il faut qu'ils fachent que ce n'eft que de
nous qu'ils peuvent attendre des bienfaits, &
qu'ils doivent les obtenir par leur fageffe &
leur refpect.

Quant aux negres, notre intérêt répond de
leur bonheur ; mais la Colonie ne fouffrira
jamais que ce genre de propriété qu'elle tient
de la loi, & qui affure toutes les autres , foit
compromis , ni qu'il puiffe l'être à l'avenir.

La colonie n'aura pas de peine à fe con-

cilier avec le Commerce ; il doit fentir qu'il
eft de fon intérêt de faire profpérer la culture,
pour multiplier les produits commerçables,
& nous fentons que nous devons concourir
à la profpérité de l'Etat, en donnant la plus
grande extenfion poffible à fon commerce.

Mais tant que la Colonie pourra conferver
des inquiétudes fur les deux autres objets qui,
dans le fait, font de fon régime intérieur, &
n'intéreffent guere la France, jamais la Colonie
ne jouira de la tranquillité fi néceffaire à la
profpérité du Royaume & à l'union réciproque.

Il eft un autre article important. Vous avez,
Meffieurs, prefcrit la fanction du gouverneur dans les lois urgentes & provifoires ;
nous avouons que c'eft une néceffité confti-
tutionnelle ; mais la Colonie s'alarme de la
poffibilité que le gouverneur refufe fa fanction pour des fubfiftances. Sa refponfabilité
ne la raffure pas, parce qu'elle peut périr par
la difette avant qu'il foit jugé & puni. C'eft un
malheur contre lequel il faut la prémunir, en
donnant à cet égard à l'Affemblée coloniale
une étendue particuliere & extraordinaire de
pouvoirs, avec des précautions fages.

A préfent, Meffieurs, vous avez lu dans les

cœurs

cœurs des deux partis. Vous voyez en quoi consiste la division qui regne dans la Colonie; vous sentirez combien la diversité d'opinions peut devenir funeste. La plus grande partie des Colons a mal interprété vos intentions. Il est donc de la derniere importance que vous leviez promptement tous les doutes, parce qu'un long retard pourroit donner l'idée d'une scission avec la France.

Prévenez ces dangers par un nouvel acte de sagesse, de confiance, & de justice. Daignez faire ce que nous aurions vu avec transport l'Assemblée générale vous demander, & ce que nous paierions de tout notre sang. Nous avons toute confiance en vous; mais qui nous répond de l'avenir? Mettez les Législatures suivantes dans l'heureuse impuissance d'écouter les ennemis de notre repos. Accordez d'avance à la Colonie, comme un article immuable de la constitution françoise; qu'aucune loi concernant le régime intérieur, & notamment sur l'état des différentes classes qui la composent, ne pourra être décrétée que sur la demande précise de la Colonie; que quant aux rapports communs, aucune loi ne sera décrétée sans avoir été discutée par la Colonie, si elle est proposée par le Commerce de France; comme aucune ne le sera sans avoir été discutée par le Commerce, fi elle eſt propoſée par la Colonie.

Quant aux ſubſiſtantes de néceſſité urgente, mettez-nous à l'abri du caprice ou de la ſéduction d'un gouverneur.

Alors la Colonie eſt tranquille à jamais; alors ceux qui ont une défiance malheureuſe, n'auront plus de motif; alors les mal - intentionnés feront ſans prétexte ; alors, *mais alors ſeulement*, nos liaiſons feront immuables.

Et daignez réfléchir, Meſſieurs, que nous ne demandons qu'une conſéquenc juſte & inévitable de votre décret du 8 mars, parce que ſi l'Aſſemblée nationale a une fois poſé en principe, qu'*elle ne devoit pas aſſujettir les Colonies à des lois qui pourroient être incompatibles avec leurs convenances locales*; qu'elles *devoient propoſer leur vœu ſur la conſtitution, la legiſlation, l'adminiſtration qui leur conviennent*, & que *leurs plans ne devoient être qu'examinés & décrétés par l'Aſſemblée natio-nale*; les mêmes motifs & la même regle doivent avoir lieu pour les lois ſubſéquentes qui pourront être néceſſaires par la ſuite & à jamais; que pour les rapports de commerce, s'il eſt juſte de ne prononcer ſur les demandes de la Colonie *qu'après que le Commerce françois aura fait ſes repréſentations*, il eſt également jufle de ne jamais prononcer fur les demandes du commerce, qu'après que les Affemblées de la Colonie auront été entendues; que pour les fubfiftances, le befoin eft au deffus de toutes les regles ordinaires.

Daignez, Meffieurs, en croire ceux qui fe font ralliés fous votre banniere; ceux dont les intentions ne peuvent pas vous être fufpeces; ceux qui, partageant les alarmes de leurs freres, fe font raffurés fur votre parole, & fe font prefque féparés d'eux, pour ne pas fe féparer de vous. Confidérez que cette Adreffe franche, loyale, patriotique, ne peut pas échapper à la publicité dans la Colonie; qu'elle peut, comme nous l'efpérons, être un moyen de rapprochement général; que tous les cœurs vont s'ouvrir à l'efpérance, fur des défiances dont perfonné n'eft entierement exempt; que tous attendront votre décifion comme leur arrêt définitif; qu'un refus confirmeroit les craintes qui fubfiftent, feroit renaître celles que votre décret a bannies, & qu'alors il ne refteroit peut-être plus aux Colons qu'à fe réunir, pour le défefpoir, qui ne produit que des réfolutions funeftes.

Dans cet état & par ces motifs, nous ofons vous propofer le décret fuivant :

« L'Assemblée Nationale, délibérant sur
» l'Adresse de l'Assemblée provinciale du
» Nord de Saint-Domingue, en date du 13
» juillet, sur les arrêtés de l'Assemblée géné-
» rale de ladite Colonie, des 14 & 28 mai,
» & 1er juin; sur ceux de ladite Assemblée
» provinciale, des 17 mai, 16 & 21 juin der-
» niers, &c.

*(Ici l'Assemblée nationale prononcera
dans sa sagesse sur les décrets & arrêtés respectifs.)*

» Renvoie la Colonie à l'exécution pleine
» & entiere des décret & instruction de l'As-
» semblée nationale, des 8 & 28 mars dernier;
» en conséquence ordonne qu'il sera procédé,
» tant par les Paroisses, que par le Gouverneur
» général, & par l'Assemblée coloniale, con-
» formément auxdits décret & instruction,
» si fait n'a été.

» Et cependant, expliquant en tant que de
» besoin lesdits décret & instruction, décrete
» comme article constitutionnel, immuable,
» & comme base essentielle & inaltérable de
» l'organisation coloniale & de l'union éter-
» nelle de la Colonie avec la France;

» 1°. Qu'aucun décret ne sera jamais rendu

» que fur la demande expreffe, directe, &
» précife des affemblées coloniales, en tout
» ce qui concerne le régime intérieur, & no-
» tamment en ce qui touche l'état des perfon-
» nes & des différentes claffes qui compofent
» la Colonie.

» 2°. Qu'en ce qui touche le régime inté-
» rieur & les rapports communs entre elle
» & la Métropole, de même que les demandes
» de la Colonie ne doivent être décrétées que
» fur les repréfentations du Commerce fran-
» çois, les demandes du Commerce ne feront
» jamais décrétées qu'après avoir été com-
» muniquées auxdites Affemblées coloniales,
» & fur leurs repréfentations.

» 3°. Autorife les Affemblées coloniales
» ou adminiftratives à pourvoir à l'introduc-
» tion des fubfiftances étrangeres, dans les cas
» de néceffité urgente & fuffifamment conf-
» tatée dans les trois ports d'entrepôt (1), à la

____

(1) L'Affemblée provinciale du Nord, en reftrei-
gnant l'introduction des fubfiftances dans les trois ports
d'entrepôt, & dans les cas feulement de néceffité urgente, facrifie les intérêts les plus chers de fa province,
pour fe rendre fans doute les commerçans favorables,
& obtenir le décret des deux articles précédens, qui
peut feul faire ceffer la divifion & l'anarchie qui re-

» pluralité des trois quarts des voix, par ap-
» pel nominal, sous la sanction du gouver-
» neur ; décrete qu'en cas de refus du gou-
» verneur, il sera tenu de le motiver dans les
» huit jours de la présentation du décret, &
» que l'Assemblée coloniale pourra passer ou-
» tre, & ordonner l'exécution dudit décret,
» à la pluralité des trois quarts des voix, par
» appel nominal, après avoir délibéré sur les
» motifs du gouverneur général, qui, dans ce
» cas, sera tenu de sanctionner.

---

gnent à Saint-Domingue ; mais elle ne peut stipuler pour les deux Provinces de l'Ouest & du Sud, qui, étant moins anciennement établies & moins riches, ne pourroient faire un si grand sacrifice sans nuire à leur prospérité, que la rigueur des lois prohibitives a retardée jusqu'à présent.

L'Assemblée nationale ne peut rien statuer, d'après l'article 6 du décret du 8 mars, sur les modifications à apporter au régime prohibitif du commerce entre les Colonies & la Métropole, que sur leur pétition ; & l'Assemblée coloniale de Saint-Domingue n'a point encore fait connoître son vœu à cet égard.

Si l'Assemblée nationale revenoit contre son décret, & décrétoit l'article 3 conformément au vœu de l'Assemblée provinciale du Nord, ce seroit un nouveau sujet de division, & rendre le rapprochement impossible ; car les deux autres Provinces n'ayant point été entendues, seroient en droit de s'y refuser, d'après le décret du 8 mars.

(23)

» Sera le préfent décret préfenté incef-
» famment à l'acceptation du Roi, revêtu de
» fa proclamation, & par lui adreffé à fon
» gouverneur général, pour être promulgué
» & notifié à qui il appartiendra ».

Fait & arrêté la préfente adreffe, en féance
publique de l'Affemblée provinciale de la
partie du Nord de Saint-Domingue, pour être
adreffée aux députés de ladite partie du Nord
à l'Affemblée nationale, & par eux préfentée
à la premiere de fes féances, & après lecture,
dépofée fur le bureau. Sera pareillement im-
primée & communiquée aux Chambres con-
fulaires du Royaume, & publiée dans la Colonie. Au Cap, le 13 juillet 1790.

*Les Membres de l'Affemblée provinciale
de la partie du Nord de St. Domingue.*

AUVRAY, *Préfident.*

CHESNEAU DE LA MÉGRIERE,
Vice - Préfident.

MAILLARD DE ROCHELAND, ⎱ *Secrétaires.*
       LEVESQUE, ⎰

Collationné. PAQUOT, *Secrétaire perpétuel,
Garde des archives.*

De l'Imprimerie de DEMONVILLE, rue Chriftine. 1790.